MUST READ

ANALIZA KSIĄŻKI

AF131744

Mizantrop

· · · · · · · · · · · · · · · ·

Molière

ANALIZA KSIĄŻKI

Napisany przez Marie-Charlotte Schneider
Przetłumaczony przez Kâmil Kowalski

Mizantrop

MOLIÈRE

Wiedza na wyciągnięcie ręki!

www.50minutes.com

Podszlifuj swoje ulubione tematy
dzięki naszym praktycznym tytułom

MOLIÈRE

FRANCUSKI DRAMATURG, AKTOR I KIEROWNIK ZESPOŁU TEATRALNEGO

- **Urodził się w Paryżu w 1622 roku.**

- **Zmarł w Paryżu w 1673 roku.**

- **Godne uwagi prace:**

  - *Dom Juan* (1665), komedia

  - *Skąpiec* (1668), komedia

  - *Mieszczanin szlachcicem* (1670), *comédie-ballet* (sztuka zawierająca przerywniki z muzyką i tańcem)

Moliere (prawdziwe nazwisko Jean-Baptiste Poquelin) urodził się w Paryżu w 1622 roku w zamożnej rodzinie mieszczańskiej i został pisarzem, reżyserem, reżyserem teatralnym i aktorem. Od najmłodszych lat interesował się teatrem i wraz z aktorką Madeleine Béjart (1618-1672) założył Towarzystwo Teatru Ilustrowanego. Po dwunastu latach wędrowania po teatrze na prowincji wrócił do Paryża, gdzie zwrócił na siebie uwagę Ludwika XIV (1638-1715), który przyjął go na swoją służbę.

Pisał głównie komedie, obnażając pod pozorem śmiechu wady współczesnych (miłość, pedanterię, chciwość itp.) i krytykując XVII-wieczne społeczeństwo (autorytarni ojcowie, obłudni wyznawcy, skorumpowani lekarze itp.). Ważny pisarz francuskiego dramatu klasycznego, wiele sztuk Moliera nadal wywiera wpływ.

Zmarł w Paryżu w 1673 roku.

MIZANTROP

KRYTYKA ŻYCIA DWORSKIEGO

- **Gatunek:** komedia

- **Wydanie referencyjne:** Molier (1965) *Mizantrop i Tartuffe*. Trans. Wilbur, R. Boston: Houghton Mifflin Harcourt.

- **[1]wydanie:** 1666

- **Tematy:** miłość, szczerość, obyczaje, udawanie, hipokryzja, niezdecydowanie

Mizantrop lub przebiegły kochanek to jedna z wielu komedii Moliera. Ta komedia w pięciu aktach została po raz pierwszy wystawiona w Palais Royal Theatre w 1666 roku, ale później nie powiodła się. Spektakl ma ciemną stronę, w przeciwieństwie do tego, czego można by się spodziewać po komedii Moliera. Autor ukazuje w nim najbardziej obłudną stronę społecznych konwencji. W tym kontekście mizantropijny bohater Alceste walczy w obronie uczciwości i prawości.

PODSUMOWANIE

AKT I

Scena I

W scenie ekspozycji Alceste jest urażony nieszczerością swojego przyjaciela Philinte'a, który zachowuje się tak, jakby ludzie, których tak naprawdę nie lubi, byli jego przyjaciółmi. Prowadzi to do dyskusji o hipokryzji, w której Filinte opowiada się za przestrzeganiem obyczajów epoki, natomiast Alceste opowiada się za szczerością w każdej sytuacji. Filinte korzysta z okazji, by wskazać na absurdalną sytuację, w jakiej znalazł się Alceste, który przysięga szczerość, ale kocha Célimène, damę dworu znaną z nieszczerości.

Scena II

Oronte przychodzi do Alcesta, którego traktuje z wielkim szacunkiem, aby przedstawić napisany przez siebie sonet. Alceste nie zgadza się z hipokryzją i, w przeciwieństwie do Philinte, otwarcie krytykuje poezję Oronte. Obaj mężczyźni kłócą się, dopóki Philinte nie interweniuje.

Scena III

Alceste po raz kolejny sprzeciwia się Filinte, krytykując go za nieszczerość, natomiast Filinte krytykuje Alceste'a za nadmierną szczerość.

AKT II

Scena I

Alceste odwiedza swoją ukochaną Célimène. Upomina ją za zobowiązywanie zbyt wielu mężczyzn, przysięgając, że jest jedynym, którego naprawdę kocha. Twierdzi, że nie można jej zarzucić, że jest kochana i że nie może uciec od życia w społeczeństwie.

Sceny II i III

Lokaj Célimène informuje ją o przybyciu Clitandre'a. Zgadza się wpuścić go do środka, mimo że jest tam Alceste. On mówi jej, że nie jest z tego powodu zadowolony, ale młoda kobieta nie zmienia zdania. Alceste mówi, że chce wyjść.

Scena IV

W końcu Alceste deklaruje, że chce zostać, aby uporządkować sytuację z Célimène i jego rywalem. Critandor przybywa z małą grupą dworzan, w tym Filinte. Na prośbę publiczności Célimène maluje krytyczne portrety wszystkich wymienionych osób. W przeciwieństwie do innych, Célimène nigdy nie krytykowała tych ludzi prosto w twarz, więc Alceste jest zdenerwowany takim zachowaniem. Célimène upomina Alceste za kłótnię, na co ten odpowiada, że bez szczerości nie może być miłości. Kuzynka Célimène, Éliante, mówi, że dla niej miłość sprawia, że wszystkie wady drugiej osoby znikają. Aby rozładować sytuację, Célimène proponuje spacer, na który wszyscy się zgadzają.

Sceny V i VI

Lokaj Célimène oznajmia, że strażnik szuka Alceste'a i wpuszcza go do środka. Strażnik przyszedł go ostrzec, że Oronte chce go postawić przed sądem za krytykę jego poematu. Alceste mówi, że pójdzie do sądu, ale nic poza rozkazem samego króla nie zmusi go do wycofania swoich uwag.

AKT III

Scena I

Dwaj markizowie Acaste i Clitandre rozmawiają o swojej sytuacji z Célimène. Acaste uważa, że ma wszystkie jej względy, ale nie potrafi powiedzieć dlaczego.

Sceny II i III

Scena IV

Acaste i Clitandre wyszły. Arsinoé mówi Célimène, że przyszła ją ostrzec przed plotkami, które o niej krążą. Według Arsinoé, Célimène jest krytykowana za swoją zalotność. Célimène odpowiada, że Arsinoé jest krytykowana za udawaną pruderię. Ponieważ obie kobiety nie robią nic poza krytykowaniem się nawzajem, Arsinoé sugeruje, by zostawić ich rozmowę w spokoju. Célimène odchodzi, pozostawiając Arsinoé w towarzystwie Alceste'a.

Scena V

Arsinoe cieszy się z możliwości rozmowy z Alceste i zaczyna go chwalić. Alceste próbuje zlekceważyć te pochlebne uwagi, ale uważa, że są one naprawdę niezasłużone. Arsinoe gratuluje mu opuszczenia dworu, a Alceste odpowiada, że jego naturą jest szczerość i unikanie ludzi. Nie wierzy bez dowodu.

AKT IV

Scena I

Filinte opowiada Éliante o dyskusji Alceste'a i Oronte'a w sądzie. Chociaż Alceste odmówił wycofania swojej krytyki wiersza Oronte'a, przyznał, że słaba jakość pisma nie zaszkodziła reputacji tego pana. Éliante i Philinte wracają do tematu miłości Alceste'a do Célimène i zgadzają się, że jest ona sprzeczna, biorąc pod uwagę nienawiść młodzieńca do hipokryzji. Kiedy Philinte mówi, że Éliante byłaby bardziej rozsądnym wyborem dla Alceste'a, ten odpowiada, że uczuciami nie rządzi rozum.

Scena II

Alceste przychodzi, by powiedzieć Éliante i Philinte o zdradzie Célimène: rzekomo napisała ona list do Oronte'a, który od tego czasu dostał się w jego ręce. Aby pomścić swój honor, Alceste prosi Éliante o rękę, ale ta radzi mu, aby nie podejmował żadnych pochopnych decyzji.

Scena III

Alceste konfrontuje Célimène z listem, który otrzymała. Ona nie zaprzecza, że to napisała, ale mówi, że nie był adresowany do Oronte, po czym przestaje się usprawiedliwiać, mówiąc, że Alceste może wierzyć w co chce i że jeśli jej nie ufa, to jej nie kocha.

Scena IV

Przybywa lokaj Alceste'a, który informuje go, że otrzymał list i ostrzeżenie, że jest w niebezpieczeństwie. Musi uciekać.

AKT V

Scena I

Alceste wyjaśnia Philincie swoją decyzję o wycofaniu się ze świata, mając dość konwenansów tamtych czasów, które wystawiały go na próbę w zbyt uczciwy sposób. Jego przyjaciele próbują skłonić go do zmiany zdania, ale jego wysiłki są daremne. Czeka na przybycie Célimène, aby mógł ją poprosić, by z nim poszła.

Scena II

Alceste i Oronte próbują skonfrontować Célimène z wyborem, jakiego musi dokonać między dwoma rywalami. Elfryda odmawia odpowiedzi, używając pretekstu, że nie chce publicznie obrazić żadnego z nich.

Scena III

Célimène prosi Éliante o potwierdzenie, że nie ma zwyczaju podejmowania tego rodzaju decyzji publicznie. Ona nadal odmawia wyboru strony, a rywalki zaczynają się niecierpliwić.

Scena IV

Dołączają do nich Célimène i Acaste, którzy mają list, w którym Célimène naśmiewa się z Oronte i Alceste. Mimo upokorzenia Alceste proponuje Elimene wycofanie się z nim ze społeczeństwa. Mimo swojej niepewnej sytuacji odmawia. Alceste następnie decyduje się odejść w pokoju i przestaje kochać Célimène. W międzyczasie Filinte i Eliante pobierają się i postanawiają podążać za jej przyjacielem i próbować zmienić jego zdanie.

STUDIUM POSTACI

ALCESTE

Człowiek o znacznej pozycji społecznej, Alceste jest tytułowym mizantropem. Mając obsesję na punkcie wartościowania prawdy i uczciwości, nie może tolerować ani angażować się w hipokryzję. W związku z tym często znajduje się w trudnych sytuacjach w zepsutym społeczeństwie. W rzeczywistości zwyczaje jego czasów zachęcały do szczególnej formy uprzejmości i konwencji społecznych, które przedkładały uprzejmość nad osobiste uczucia.

Z punktu widzenia Alceste'a ta gra konwenansów jest wielką wadą jego czasów. Jego poglądy na temat uczciwości służą jedynie odizolowaniu go od innych bohaterów, ponieważ powstrzymuje się przed wchodzeniem w relacje z każdym, kto nie podziela jego troski o szczerość. Jednak jego spojrzenie na relacje międzyludzkie różni się znacznie w zależności od tego, z kim rozmawia:

• Célimène jest jedyną osobą, której towarzystwa poszukuje. Jest jednak również osobą, której zachowanie jest najdalsze od jego troski o prawdę i szczerość. Do samego końca, mimo dowodów na to, że go zdradziła, trzyma się kurczowo swojej miłości do niej.

• Filinte jest przyjacielem Alceste. Alceste ma jednak trudności z zaakceptowaniem przyjaźni Filinte, kiedy widzi, jak okazuje on te same oznaki przyjaźni wobec ludzi, których wyraźnie nie lubi. Filinte jest jednak jedną z nielicznych osób, które wspierają go do końca.

- Éliante jest kobietą, którą Filinte uważa, że Alceste powinien poślubić. Jednak Alceste nie wykazuje nią żadnego zainteresowania, z wyjątkiem sytuacji, gdy chce się zemścić za zdradę Célimène.

- Oronte jest jednym z rywali Alceste'a o uczucia Célimène. Chociaż Alceste nie zaprzecza, że jest on dobrym człowiekiem, nie podoba mu się jego pisarstwo. Według Alceste'a, Oronte nie wyraża się wystarczająco prosto, a jego styl pisania jest zbyt odległy od rzeczywistości. Dodatkowo Alceste jest jeszcze bardziej zszokowany, gdy dowiaduje się, że Oronte jest jego głównym rywalem o kobietę, którą kocha.

Wybór związków przez Alceste'a jest więc nieco sprzeczny. Na przykład odrzuca przyjaźń Philinte'a z powodu jego nieszczerości, ale kocha Célimène, najbardziej obłudną postać w sztuce.

CÉLIMÈNE

Célimène, młoda wdowa z towarzystwa, jest kochanką Alceste'a, ale jest jego całkowitym przeciwieństwem pod względem wartości. W przeciwieństwie do swojego kochanka, w pełni angażuje się w grę konwenansów ze swoją hipokryzją i złym nastawieniem do innych.

Célimène nie tylko akceptuje grę w hipokryzję ze społecznego obowiązku, ale czyni ją nieskrywaną przyjemnością. To jej największy talent i wydaje się, że wszyscy poza Alceste ją podziwiają. Ale w końcu jej wielbiciele uznają ją za równie obłudną jak wobec innych. Mimo to życie w wyższych sferach to jej jedyny powód do życia. Odmawia odejścia ze świata wraz z Alceste, nawet jeśli wypadnie z łask.

PHILINTE

Filante jest przyjacielem Alceste. Wydaje się, że wraz z Eliante jest jedyną osobą, której na nim zależy. Nie podziela poglądów Alceste na temat związków, ale też nie myśli jak Celimene. Nie potrzebuje uczciwości Alceste, ale nie robi tego z ambicji czy przyjemności. Philinte zdaje sobie sprawę, że świat, w którym żyje, rządzi się konwencjami, a ludzie muszą przestrzegać zasad, aby w nim przetrwać. Próbuje też ostrzec Alceste przed niebezpieczeństwem bycia zbyt szczerym, zwłaszcza gdy krytykuje sonety Oronte. Wydaje się, że zdaje sobie sprawę, bardziej niż inni bohaterowie, że uczciwość jest pozytywną cechą, chociaż uczciwość może czasem okazać się niebezpieczna.W końcu żeni się z nią.

ÉLIANTE

Éliante jest kuzynką Célimène. Jest głosem mądrości w sztuce, zarówno jeśli chodzi o jej spojrzenie na miłość, jak i dezaprobatę dla zachowania kuzynki.

Ona i Filinte tworzą parę, której rola nie różni się od roli greckiego chóru: wielokrotnie komentują akcję, wydając na jej temat uzasadniony osąd i obawiając się nieszczęścia, które może spotkać ich przyjaciela Alceste'a.

ORONTE

Oronte jest dżentelmenem. Jest także kochankiem Celimene, a tym samym rywalem Alceste. Uważa się za bardzo utalentowanego pisarza. Szuka uczciwych ocen, ale oczekuje pochwał. Jego rozmowa z Alceste, który nie chce udawać, że jest taki jak wszyscy, prowadzi do serii komicznych sytuacji.

ARSINOÉ

Arsinoé jest damą dworu. Ma stosunkowo niewielką rolę w sztuce, choć pomaga w prowadzeniu akcji. Kocha Alceste'a i używa zarówno pochlebstw, jak i sprytu, aby oddalić go od Célimène. Célimène krytykuje ją za jej udawaną pruderię, a obraz, jaki daje o sobie, różni się od jej działań. Jest rywalką Célimène, a konfrontacje między nimi są źródłem humoru, ponieważ zawierają serię cienko zawoalowanych obelg.

MARKIZOWIE

Acaste i Clitandre to dwaj zalotnicy Célimène. Pochodzą oni z niższej szlachty i podziwiają ją. Ci dwaj markizowie rzadko pojawiają się na scenie i mają bardzo mały wpływ na akcję. Ich rola polega raczej na wzmocnieniu przedstawienia świata dworskiego i jego pretensji.

ANALIZA

UMIARKOWANA KOMEDIA

Mizantrop to komedia, zgodnie z podtytułem autora. Jej styl jest jednak bardzo różny od popularnego stylu komediowego używanego przez Moliere w niektórych jego sztukach. Sytuacji komicznych nie brakuje, ale są one właściwie łagodzone przez przejmujący charakter innych aspektów spektaklu.

W *"Mizantropie"* występuje kilka rodzajów humoru:

- gra słów, która pojawia się często w całym spektaklu;

- komedia sytuacyjna, będąca w istocie podstawą sztuki, gdyż sytuacja Alceste'a, który zaciekle broni szczerości i uczciwości, będąc jednocześnie szaleńczo zakochanym w obłudnej i źle wychowanej Célimène, wywołuje u widzów salwy śmiechu;

- karykatury jasno określonych typów postaci (m.in. fałszywie pruderyjna Arsinoé, piękna hipokrytka Célimène i nieugięty Alceste).

Jednak ten humor jest zawsze zrównoważony bardziej przejmującym tonem, w dużej mierze przypisywanym charakterowi Alceste i jego izolacji. W rezultacie, chociaż Molier potępia absurdalność ówczesnych konwencji poprzez karykatury bohaterów, śmiech nie wydaje się być jedynym jego celem. Postać, którą wybrał Alceste, wnosi do sztuki element tragiczny. Doskonały przykład.

W związku z tym, choć *Mizantrop* jest nadal komedią, odchodzi nieco od konwencji teatru komicznego.

ŚWIAT UDAWANIA

Sztuka, a w szczególności jej system postaci, rządzi się postawami bohaterów wobec hipokrytów. Świat przedstawiony to taki, w którym życiem społecznym rządzą całkowicie konwenanse. W tym sensie dom Célimène stanowi swoistą reprezentację dworu w miniaturze. Rządzi nim pewna liczba reguł dobrego wychowania i grzeczności. Każdy musi przestrzegać tych reguł, w przeciwnym razie grozi mu wykluczenie, jak Alceste'owi.

Konwencje rządzące tym światem zalecają uprzejmość we wszystkich sytuacjach. Zachęcają mieszkańca do chwalenia rozmówcy, nawet jeśli rozmówca nie ma żadnych zasług. W ten sposób kongregacja Celimene pielęgnuje zamiłowanie do przebrania, depcząc jednocześnie uczciwość.

Poza Alceste'em wszyscy bohaterowie przestrzegają konwencjonalnych zasad panujących w domu Célimène. Jednak nie wszyscy trzymają się tych konwencji równie sztywno. Pomiędzy Alceste'em, który odmawia wzięcia udziału w grze w udawanie, a Célimène, która ją prowadzi, bohaterowie znajdują się w różnych punktach spektrum:

- Alceste kategorycznie odrzuca ten świat konwencji. Odmawiając podporządkowania się regułom i zgody na bycie częścią świata pozorów, sam się z niego wyklucza.

- Éliante i Philinte to głosy mądrości. Teoretycznie nie ulegają kultowi udawania, ale w praktyce wiedzą, że świat, w którym żyją, nie pozostawia im innego wyboru. Przyjmują zatem postawę zdystansowaną i pragmatyczną.

- Markizowie i Oronte przestrzegają zasad bez pytania.

- Arsinoé próbuje wykorzystać pozory do własnych interesów i konwenanse, by zarządzać swoją reputacją. Na próżno próbuje pokonać Célimène w jej własnej grze.

- Célimène jest królową w swoim domu. Wszystkie inne postaci grawitują w jej miniaturowym dworze w jej stronę. W rezultacie to ona ustala zasady, jest panią tej gry pozorów.

WARTOŚĆ SŁÓW

W tej sztuce udawanie jest ściśle związane z określonym użyciem języka. Wybór szczerości lub hipokryzji przez bohaterów jest wskazany przez wartość, jaką przywiązują do słów: dla Alceste'a mają one wartość wewnętrzną, podczas gdy dla innych ich znaczenie jest czysto konwencjonalne.

Metafora pieniądza powtarza się w całej sztuce, zestawiając ze sobą język i pieniądze w oparciu o konwencjonalne wartości, które im towarzyszą. Na przykład na scenie wystawowej Filinte powiedział Alceste: "Twoja przyjaźń kosztuje za mało" (Akt 1, scena 1). Sugeruje to, że stosunki społeczne, takie jak wartość pieniądza, są ustalane na podstawie umowy. Język jest zdewaluowany, ponieważ stosunki społeczne są określane przez język.

Rzeczywiście, wartość słów jest jedną z głównych trosk Alceste'a w jego dążeniu do szczerości. Widać to w akcie I, scena II, kiedy krytykuje sonet Oronte'a. Krytykuje wiersz, ponieważ jest on "nienaturalny" i napisany w "sztucznym stylu". Alceste nie lubi dygresji i stylu Oronte'a, ponieważ nie uważa ich za naturalne. Jego język kultywuje udawanie, a tego Alceste nie może poprzeć. Dla niego słowa muszą mieć odpowiednią wartość, aby w prosty sposób wyrazić uczucia.

U Alceste szczerość i prosty język idą w parze. W tym sensie to nie przypadek, że obłudna Célimène jest biegła w używaniu słów. Z hipokryzji czyni sztukę literacką, a reszta społeczeństwa podziwia tę jego umiejętność.

XVII-WIECZNY TEATR

Nie bez powodu siedemnastowieczny teatr francuski określa się mianem "klasycznego": w tym czasie zarówno pisaniem, jak i przedstawieniem rządził szereg konwencji, które dotyczyły zarówno formy, jak i treści.

Utwory dramatyczne dzielono zazwyczaj na pięć aktów i *Mizantrop* wpisuje się w tę normę. Główną konwencją formalną była zasada trzech jedności, na którą składały się:

• **Jedność miejsca.** Cała akcja sztuki powinna rozgrywać się w tym samym miejscu. *Mizantrop* przestrzega tej zasady, ponieważ cała akcja rozgrywa się w domu Célimène w Paryżu.

• **Jedność czasu.** Akcja sztuki powinna rozgrywać się na przestrzeni jednego dnia. W sztuce Moliera czas jest rzadko określony, niemniej jednak istnieją pewne wskazówki, że zasada ta jest przestrzegana: Clitandre mówi "nie muszę dziś iść aż do godziny *coucher* króla" (Akt II, Scena IV), sugerując, że jest jeszcze wczesna pora dnia, natomiast później

Alceste mówi do Célimène "pozwól, aby twój wierny kochanek spróbował jeszcze raz, zanim dzień się skończy" (Akt IV, Scena IV), sugerując, że dzień prawie się kończy.

- **Jedność akcji.** Może istnieć tylko jedna fabuła. Tak jest w *"Mizantropie",* ponieważ nieugiętość Alceste'a co do przywar jego czasów i zachowań ludzi wokół niego kieruje całą akcją.

Sztuka miała również zasady vraisemblance ("prawdopodobieństwo" lub "niezawodność") i bienséance ("przyzwoitość" lub "uczciwość"). Vraisemblance oznacza, że na scenie przedstawiane są wydarzenia, które można sobie wyobrazić w życiu codziennym, a bienséance oznacza, że widzom nie przedstawia się niczego, co mogłoby ich zszokować. Na przykład śmierć można wyjaśnić po jej zdarzeniu, ale nie pokazywać jej na scenie. Teatr musi być moralny.

Dzieła dramatyczne w XVII wieku były monitorowane, aby upewnić się, że przestrzegają wszystkich tych zasad; jeśli nie, były cenzurowane. Z tego powodu kilka sztuk Moliera, w tym *Tartuffe* (1664) i *Dom Juan* (1665), zostało zakazanych.

Jednak kontrolę można również sprawować bardziej subtelnie. Bycie pisarzem, aktorem i reżyserem nie było wówczas łatwe, o czym świadczy zamknięcie Teatru Ilustrowanego. Aktorzy i zespoły zwykle potrzebowali silnego mecenasa do wystawienia sztuki. W ten sposób Molier i jego armia byli wspierani przez brata króla, księcia Orleanu Filipa I, zanim zostali zauważeni i chronieni przez samego króla. Nietrudno jednak zauważyć, że tego rodzaju pomoc ma swoją cenę. Aby pisarze zyskali poparcie rządzących, musieli im się podobać, co oznaczało przestrzeganie ich zasad. Był to też rodzaj kontroli.

DZIEDZICTWO *MIZANTROPA*

Zakończenie sztuki jest stosunkowo otwarte: Alceste nie jest w stanie przekonać Célimène do swojego punktu widzenia (ani dostosować się do konwencji, które zmusiłyby go do całkowitego porzucenia szczerości), więc wycofuje się ze świata. Molier kończy tu swoją sztukę, nie wskazując, co będzie dalej. To dlatego we wszystkich kontynuacjach i przeróbkach *Mizantropa* "podstawowe pytanie w tych różnych tekstach jest często takie samo: czy Alceste może zmienić swoje postępowanie i zostać ponownie włączony do społeczeństwa?" (Wolf, 2003: 114).

Jeśli odniesiemy się tylko do oryginalnej sztuki, szanse na to są niewielkie, ponieważ Alceste jest tak zmarginalizowany w społeczeństwie: jest tak samo szczery, jak inni są obłudni, a także różni się od nich na wiele innych sposobów. Jednak jego szczerość wyróżnia go i ta opozycja pozostała w wielu inscenizacjach sztuki. W związku z tym Alceste jest często przedstawiany jako uczciwy, cnotliwy i sympatyczny bohater, podczas gdy przez długi czas Celimena pozostawała nadęta i okrutna, zanim została ponownie zinterpretowana jako asertywna kobieta, której jedyną bronią przeciwko mężczyznom jest jej uwodzicielskość.

W [XVIII] wieku sztuka Moliera napotkała na znamienitego przeciwnika w osobie Jean-Jacques'a Rousseau (pisarz szwajcarski, 1712-1778). W *Liście do M. D'Alemberta o Widmach Rousseau* krytykuje zarówno sztukę, której zarzuca ośmieszanie cnotliwych dążeń jej bohatera, jak i postać Alceste'a, którego, jego zdaniem, Molier powinien uczynić dobroczynnym i zainteresowanym pięknem ludzkiej natury. Według

Rousseau, Alceste jest dobrym człowiekiem, który zostaje wystawiony na pośmiewisko: zamiast być szalonym, jest ofiarą swoich doświadczeń. Dla niego Alceste jest przeciwnikiem hipokryzji i złośliwości otaczających go ludzi, a nie samych istot ludzkich. W oparciu o to założenie nie jest on zatem mizantropem, ale zarówno dobroczyńcą, jak i wzorem cnoty – taka wizja postaci pojawiła się później w wielu tekstach.

Nie wszyscy jednak podzielali opinię Rousseau. Jean-François Marmontel (pisarz francuski, 1723-1799), który był przeciwnikiem Rousseau (napisał własną odpowiedź na *List*), w swoim *Mizantropie corrigé* ("Poprawiony Mizantrop", 1765) nie pozbawił Alceste'a cnoty. W tej sztuce, napisanej w tym samym stylu co oryginał Moliera, Alceste wycofał się na wieś i zapomniał o Célimène w ramionach Ursule, córki pana ze wsi, w której teraz mieszka. Ten związek prowadzi go do rewizji opinii na temat ludzkiej natury: choć wcześniej nienawidził ludzi, teraz wydaje się ich kochać. Jego cnota pozostaje, ponieważ Alceste po prostu stracił orientację, będąc zbyt cnotliwym i rozsądnym, ale nie jest już wyśmiewany. Stał się mizantropem w wyniku spędzania czasu w społeczeństwie, w którym wcześniej żył.

Jednak nie każda kontynuacja *Mizantropa* dała Alceste'owi tak szczęśliwe zakończenie. *La Conversion d'Alceste* ("Nawrócenie Alcesta", 1905) francuskiego powieściopisarza i dramaturga Georges'a Courteline'a (1858-1929) została przedstawiona jako bezpośrednia kontynuacja sztuki i napisana, jak wszystkie sztuki Moliera, w aleksandrach (12-sylabowy wiersz z cezurą, czyli przerwą, w środku). W tej sztuce Alceste postanawia wrócić do świata po swoim wygnaniu.

Éliante już nie ma, a Célimène – którą Alceste mimo wszystko poślubił – została kochanką Philinte. Alceste, który postanowił być bardziej tolerancyjny wobec innych ludzi (to jego nawrócenie), początkowo chwali nowy sonet napisany przez Oronte'a, ale nie może długo opierać się swojej pierwotnej naturze: dwaj mężczyźni ponownie się rozchodzą, gdy Oronte prosi Alceste'a o umieszczenie jego utworu w gazecie. Co gorsza, Alceste dowiaduje się, że Célimène nie jest już nim zainteresowana, ponieważ się zmienił. Zachowanie bardziej miłosierne nie ma więc sensu. Mizantrop, nieprzystosowany do społeczeństwa, znów się wycofuje i jest przekonany, że powinien był pozostać taki, jaki był. Nadal chce szukać prawdy w społeczeństwie, które w obecnym stanie funkcjonuje poprawnie tylko z pewną dozą hipokryzji i nieuczciwości, aby uatrakcyjnić rzeczywistość.

DALSZA REFLEKSJA

KILKA PYTAŃ DO PRZEMYŚLENIA...

- Jak zinterpretowałbyś paralele i różnice między parą Célimène i Alceste a parą Éliante i Philinte?

- Porównaj umiarkowaną komedię *Mizantrop* z popularną komedią *Impostures of Scapin*. Jakie są główne różnice między tymi dwoma stylami komedii?

- Twoim zdaniem, kogo Molier chciał najbardziej ośmieszyć, mizantropa czy resztę społeczeństwa? Uzasadnij swoją odpowiedź.

- W wielu swoich sztukach Molier satyryzuje przywary swoich czasów. Porównaj wady krytykowane w *"Mizantropie"* i *"Tartuffe"*. Jakie podobieństwa możesz zauważyć?

- W klasycznym teatrze uważa się, że komedia porusza mniej poważne tematy niż tragedia. Czy uważasz, że ten osąd jest słuszny w przypadku *"Mizantropa"*? Uzasadnij swoją odpowiedź.

- Niektóre aspekty *Mizantropa* czynią go bardziej tragicznym niż komicznym. Czy z tej perspektywy uważasz, że jest to sztuka moralna, która respektuje zasady *vraisemblance* i *bienséance*?

- Jaką rolę odgrywają słowa w determinacji Alceste'a do walki z hipokryzją swoich czasów?

- Czy pomimo swojej niezaprzeczalnej szczerości Alceste zachowuje się tak samo w stosunku do każdej z pozostałych postaci? Uzasadnij swoją odpowiedź.

- Zbadaj recepcję sztuki na przestrzeni wieków. Jakie wnioski możesz z tego wyciągnąć?

- Obejrzyjcie film Laurenta Tirarda *"Molier"* z 2007 roku. Twoim zdaniem, które sceny i które postacie są inspirowane *Mizantropem*? Jak myślisz, do jakich innych sztuk nawiązuje film? Uzasadnij swoją odpowiedź.

PRZECZYTAJ TAKŻE

WYDANIE REFERENCYJNE

Molier (1965) *Mizantrop i Tartuffe*. Trans. Wilbur, R. Boston: Houghton Mifflin Harcourt.

ADAPTACJE

Molière. (2007) [Film]. Laurent Tirard. Dir. France: Fidélité Productions.

Film ten nie jest, ściśle mówiąc, adaptacją *Mizantropa*. Łączy w sobie pewne elementy biograficzne z elementami niektórych sztuk Moliera. Z tego punktu widzenia film jest adaptacją kilku sztuk, w tym *Mizantropa*.

Chcemy usłyszeć od Ciebie, co się dzieje!
Zostaw komentarz na temat swojej internetowej biblioteki
i podziel się swoimi ulubionymi książkami w mediach społecznościowych!

Dlaczego warto wybrać Must Read?

Dowiedz się wszystkiego, co musisz wiedzieć o książce dzięki naszym zwięzłym i dogłębnym streszczeniom i analizom!

Odkryj to, co najlepsze w literaturze w zupełnie nowym świetle!

www.50minutes.com

Wydawca zapewnia o wiarygodności publikowanych informacji, co jednak nie może wiązać się z jego odpowiedzialnością.

© 50minutes.com, 2023. Wszelkie prawa zastrzeżone.

www.50minutes.com

Master ISBN: 9782808694209
Papierowy ISBN: 9782808615600
Depozyt prawny: D/2023/12603/1840

Verhaal: © Primento

Projekt cyfrowy: Primento, cyfrowy partner wydawców.